SAPS QUÈ ÉS UN ARXIU?

ISABEL FERRANDIS PEÑA IL·LUSTRACIONS ALMUDENA GIMENEZ VENTURA

Idea original i textos: Isabel Ferrandis Peña
Il·lustracions: Almudena Gimenez Ventura
Edita: Servei d'Arxiu, Gestió Documental i Publicacions
Imprimeix: Servei Gràfic i Digital de la Diputació de Castelló
ISBN: 978-84-17465-89-6
DL: CS 396-2024

Idea Original i Textos: Isabel Ferrandis Peña

Il·lustracions: Almudena Gimenez Ventura

SAPS QUÈ ÉS UN ARXIU?

2024

Quan penseu en un arxiu vos imagineu un soterrani, fosc, humit, que dóna por??? Doncs esteu equivocats.

Cuando pensáis en un archivo os imagináis un sótano, oscuro, húmedo, que da miedo??? Pues estáis equivocados.

Ara els documents són electrònics i tots els que tenim anteriors estan ordenats, nets i guardats en bones condicions.

Ahora los documentos son electrónicos y todos los que tenemos anteriores están ordenados, limpios y guardados en buenas condiciones.

A l'arxiu es conserven tots els documents produïts per la institució en l'exercici de les seues funcions, així com els generats per les relacions amb els ciutadans. Per exemple Llibres d'Actes de Ple, documents comptables, contractes, llicències, sol·licituds ...

En el archivo se conservan todos los documentos producidos por la institución en el ejercicio de sus funciones, así como los generados por las relaciones con los ciudadanos. Por ejemplo Libros de Actas de Pleno, documentos contables, contratos, licencias, solicitudes ...

ARXIU
A-C D-F G-I J-L M-O P-R S-U V-Z
1900 1910 1920 1930 1940 1950 1960 1970 1980 1990 2000 2010 2020
B
C – D
E – F
Urbanisme...
...Turisme...
...Intervenció...
...Personal...
...Cultura...
Secretaria...
INSTITUCIÓ
Vull formarme a casa...
pagar una taxa......
...obrir un bar......
.....utilitzar les pistes esportives....
anar a l'escola d'estiu...
CIUTADANS

La finalitat de l'arxiu és conservar-los per a servir-los i que siguen utilitzats per a la gestió administrativa (com a antecedent i testimoni de la seua activitat), la informació (per a la defensa dels drets dels ciutadans) i per a la investigació (la història i la cultura).

La finalidad del archivo es conservarlos para servirlos y que sean utilizados para la gestión administrativa (como antecedente y testigo de su actividad), la información (para la defensa de los derechos de los ciudadanos) y para la investigación (la historia y la cultura).

A-C
D-F
G-I
J-L
M-O
P-R
S-U
V-Z
1910
1920
1930
1940
1950
1960
1970
1980
1990
2000
2010
2020
A—B
E—F

L'arxiver/a és el professional de la informació que organitza, conserva, difon i dóna accés als documents. És la persona que dóna ordre i sentit a tots eixos documents que arriben a l'arxiu i els té tots perfectament ubicats i conservats en els dipòsits de l'edifici de l'arxiu.

El archivero/a es el profesional de la información que organiza, conserva, difunde y da acceso a los documentos. Es la persona que da orden y sentido a todos esos documentos que llegan al archivo y los tiene todos perfectamente ubicados y conservados en los depósitos del edificio del archivo.

A

Els documents (llibres, caixes, lligalls, plànols,
fotografies, discs . . .) arriben a l'arxiu des de
qualsevol o ficina de la institució.
En primer lloc els revisem i netegem per a
poder treballar en ells.

Los documentos (libros, cajas, legajos, planos,
fotografías, discos . . .) llegan al archivo desde
cualquier oficina de la institución.
En primer lugar los revisamos y limpiamos para
poder trabajar en ellos.

Es classifiquen, ordenen i descriuen en l'inventari, normalment, una aplicació informàtica, que ens ajudarà a la seua recerca i localització. Després es separen segons el seu format per ubicar-los als dipòsits.

Se clasifican, ordenan y describen en el inventario, normalmente, una aplicación informática, que nos ayudará en su búsqueda y localización. Después se separan según su formato para ubicarlos en los depósitos.

DADES
DADES
dades
DADES
dades
dades
DADES
dades
DADES
dades
DADES
DADES
dades
DADES

L'arxiu té varietat d'usuaris: els interns (el
personal de la mateixa institució) i els externs
(investigadors, estudiants i
ciutadania en general).

*El archivo tiene variedad de usuarios: los
internos (el personal de la propia institución)
y los externos (investigadores, estudiantes y
ciudadanía en general).*

Els investigadors i estudiants consulten l'arxiu per a fer treballs de la història, l'urbanisme , la demografia, el turisme . . . de les nostres terres i el nostre patrimoni.

Los investigadores y estudiantes consultan el archivo para hacer trabajos sobre la historia, el urbanismo , la demografía, el turismo . . . de nuestras tierras y nuestro patrimonio.

A-C
D-F
G-I
J-L
M-O
P-R
S-U
V-Z
1910
1920
1930
1940
1950
1960
1970
1980
1990
2000
2010
2020
A–B

La ciutadania acudeix a l'arxiu per aconseguir qualsevol document relacionat amb ell o els seus avantpassats, per exemple el plànol de la seua casa, la llicència del bar dels avis o el seu arbre genealògic.

La ciudadanía acude al archivo para conseguir cualquier documento relacionado con él o sus antepasados, por ejemplo el plano de su casa, la licencia del bar de los abuelos o su árbol genealógico.

Ara ja sabeu què és un arxiu i què podeu trobar en ell. Esperem veure-vos prompte com a usuaris seus.

Ahora ya sabéis qué es un archivo y qué podéis encontrar en él. Esperamos veros pronto como usuarios suyos.